У безпеці з Богом

Коли я близький до Бога, я можу довірити все в Його руки, і Він дає мені спокій.

«Хто живе під покровом Всевишнього, хто в тіні Всемогутнього мешкає.»
(вірш1)

Я знаю, що я можу покладатися на Бога, тому що Він захищає мене і надає мені сили.

«той скаже до Господа: Охороно моя та твердине моя, Боже мій, я надіюсь на Нього!»
(вірш 2)

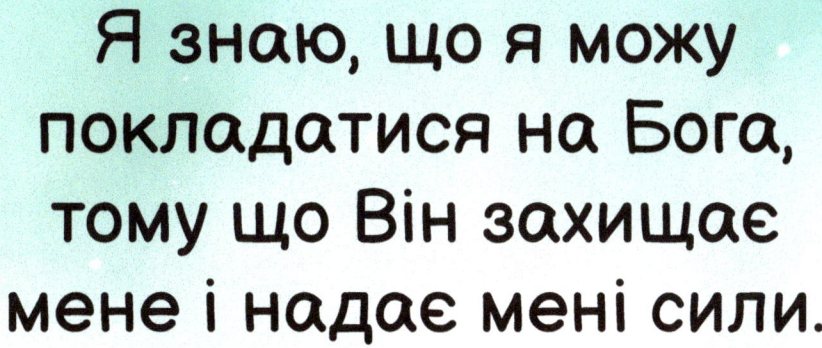

Господь може захистити мене від тих, хто хоче мені зашкодити. Він може зберегти моє здоров'я.

«Бо Він тебе вирве з тенет птахолова, з моровиці згубної.»
(вірш 3)

Господь оточує мене своєю присутністю подібно до того, як пташка крилами укриває пташенят. Господь надійно мене зберігає.

«Він пером Своїм вкриє тебе, і під крильми Його заховаєшся ти! Щит та лук Його правда.»

(вірш 4)

Мені не варто боятися ні темряви вночі, ні небезпек вдень.

«Не будеш боятися страху нічного, ані стріли, що вдень пролітає,»

(вірш 5)

Мені не треба боятися хвороб, тому що Господь зі мною.

«ані зарази, що в темряві ходить, ані моровиці, що нищить опівдні.»

(вірш 6)

Навіть якщо навколо мене будуть суперечки та безлади, з Господом я почуваю себе у безпеці.

«впаде тисяча з боку від тебе, і десять тисяч праворуч від тебе, до тебе ж не дійде!...»

(вірш 7)

Я бачу, що відбувається з тими, хто творить зло, і я не хочу жити за їх прикладом.

«Тільки своїми очима подивишся, і заплату безбожним попобачиш.»
(вірш 8)

Господь мій захист; Він як міцна фортеця, де можна сховатися від небезпеки. З Богом я у безпеці.

«бо Господа, охорону мою, Всевишнього ти учинив за своє пристановище! Тебе зло не спіткає, і до намету твого вдар не наблизиться.»

(вірші 9,10)

Господь говорить Своїм ангелам бути моїми охоронцями скрізь, куди б я не пішов.

«бо Своїм Анголам Він накаже про тебе, щоб тебе пильнували на всіх дорогах твоїх.»

(вірш 11)

Вони спостерігають за мною, щоб я не пошкодився.

«на руках вони будуть носити тебе, щоб не вдарив об камінь своєї ноги!»

(вірш 12)

Ангели Господні настільки сильні, що вони допоможуть мені навіть в самих важких обставинах.

«На лева й вужа ти наступиш, левчука й крокодила ти будеш топтати!»
(вірш 13)

Господь любить мене, і я люблю Його. Він зберігає мене у безпеці.

«Що бажав він Мене, то його збережу, зроблю його сильним, бо знає ім'я Моє він;»
(вірш 14)

Коли я молюся Богові і кличу Його на допомогу, Господь обіцяє прийти і позбавити мене від біди.

«як він Мене кликатиме, то йому відповім, Я з ним буду в недолі, врятую його та прославлю його,»

(вірш 15)

Господь з любов'ю піклується про мене: Він хоче, щоб я був здоровим і жив довго в Його присутності.

«і довгістю днів Я насичу його, і він бачити буде спасіння Моє!»

(вірш 16)

Інші книги з цієї серії:

Опубліковано: iCharacter Ltd. (Ireland)
www.icharacter.org
Складено Агнес де Безенак
Переклад: Наталія Феррейра
Авторське право 2020.

Авторське право © 2020 iCharacter Ltd. Усі права захищені. Ніяка частина цієї книги не може бути відтворена у будь-якій формі або будь-яким електронним або механічним способом, включаючи системи зберігання і пошуку інформації, без письмового дозволу видавця або автора, за винятком випадків, коли рецензент може процитувати короткі уривки, використані в критичних статтях або в рецензії.